LE

NOUVEAU TARIF

TUNISIEN

BONE

IMPRIMERIE CENTRALE, RUE CARAMAN. N°s 2 & 1.

1889

LE

NOUVEAU TARIF

TUNISIEN

BONE

IMPRIMERIE CENTRALE, RUE CARAMAN. N°s 2 & 4.

1889.

LE NOUVEAU TARIF
TUNISIEN

M. Bertagna, maire de Bône, vient d'adresser à MM. les sénateur et députés du département de Constantine la lettre suivante, à propos du nouveau tarif tunisien.

Bône, le 28 janvier 1889.

A M. le Sénateur et MM. les Députés du département de Constantine.

Messieurs,

L'Algérie tout entière s'est émue dès qu'elle a eu connaissance du projet présenté par M. le ministre de France, résident général de la République française à Tunis, en vue d'une réforme dans la législation douanière de la Régence.

Les Conseils élus, les Comices agricoles, les Syndicats viticoles se sont faits les interprètes d'un sentiment unanime de désapprobation.

La région dont la ville de Bône est le centre agricole et commercial se trouve menacée encore plus que toute autre ; la réforme projetée, dommageable pour la colonie entière, devant entraîner pour elle des conséquences particulièrement funestes.

Je considère donc, comme un devoir que m'impose le mandat de mes concitoyens, de faire connaître combien sont grands, pour nous surtout, les dangers en préparation. Et si, pour cela, c'est à vous que je m'adresse, monsieur le sénateur et messieurs les députés, c'est que je sais le dévouement et, permettez-moi de le dire, le talent que vous apportez chaque jour dans la défense des intérêts de vos commettants et de la colonie ; c'est que je sais aussi tout ce que donne d'autorité à votre voix la place que vous vous êtes faite dans le Parlement

1. — Dans le but de favoriser le développement de nos marchés voisins des frontières, la législation douanière

4

actuelle permet l'entrée en franchise en Algérie, par la voie
de terre exclusivement, des produits du sud au-delà de
notre limite, et de ceux d'origine tunisienne ou marocaine.

Par suite de cette disposition, les blés, l'orge, la laine,
les bestiaux qu'exportent le nord et le nord-ouest de la
Régence sont naturellement dirigés en totalité sur les
marchés de la frontière : La Calle, Roum-el Souk, Bou-
Hadjar, Souk-Ahras, El-Méridj, Tébessa ; de-là, ces produits
se répandent dans notre région et sont, pour la plus
grande partie, embarqués à Bône à destination de Marseille,
où ils débarquent sans avoir à payer les droits dont ils
eussent été frappés à leur arrivée en France, s'ils avaient
été expédiés de Tunis.

Si le Parlement autorise l'entrée en franchise des produits
tunisiens embarqués au port de Tunis, le drainage, qui
s'effectue, aujourd'hui forcément au profit exclusif de la
région frontière et du port de Bône, se fera aussi par
Tunis. Le pays de production traversé par la grande ligne
ferrée de Bône à Tunis aura ces deux ports à sa disposition ;
la marchandise choisira celui des deux qui lui offrira la
plus grande somme d'avantages et une partie du commerce
et du transit de la région bônoise se trouvera ainsi détournée
au profit de la région de Tunis. En d'autres termes, nous
sommes aujourd'hui les acheteurs et les transitaires
privilégiés des produits de la partie nord et nord-ouest de
la Régence et si la franchise est accordée, nous serons
obligés de partager avec le commerce de Tunis, en majeure
partie aux mains des étrangers, les avantages résultant de
cette situation.

II. — Si cette cause de dommages n'atteint que la région
Est de l'Algérie et nos villes frontières qui seraient à peu
près ruinées, il en est d'autres qui menacent les intérêts de
la colonie entière et ceux de la Métropole.

Il ne vous échappera pas d'abord que le détournement du courant commercial dont je viens de parler aurait pour conséquence de diminuer le parcours sur la ligne ferrée de Bône-Tunis et sur celle de Bône-Tébessa d'une partie des marchandises que transportent actuellement ces voies ferrées.

Cette diminution de parcours entraînerait nécessairement un amoindrissement des recettes du chemin de fer et, par conséquent, une augmentation correspondante dans le chiffre de la garantie de l'Etat. Cette considération, sans valeur pour le gouvernement tunisien, ne manque pas d'importance au point de vue des finances de notre pays.

III. — La minoterie et la semoulerie marseillaises sont en pleine possession du marché tunisien et fournissent exclusivement à la Régence tout ce qui s'y consomme de farines et de semoules, comme vous pourrez vous en convaincre en vous faisant présenter les statistiques d'exportation du port de Marseille à destination de la Tunisie pendant les années 1887 et 1888.

Ce résultat est la conséquence de ce fait que ces industries perçoivent à titre de remboursement de droits payés à l'entrée des blés étrangers, une ristourne de sortie variant entre 6 et 9 francs suivant le taux du blutage, pour chaque balle de farine ou de semoule pesant 100 kilogrammes et exportée en Tunisie. Avec la suppression du droit d'entrée disparaîtrait naturellement le droit à la ristourne. Nous n'en pouvons donner de meilleure preuve qu'en rappelant la mesure prise par le ministre de la guerre il y a à peine trois mois, dès l'apparition du projet de M. Massicault.

M. de Freycinet a fait, en effet, insérer dans le cahier des charges qui régit la fourniture du pain pour l'année courante aux troupes du corps d'occupation de la Régence, une disposition additionnelle assurant aux adjudicataires le remboursement par l'administration de la guerre, de la prime de sortie allouée aux farines exportées de Marseille à destination de la Tunisie, pour le cas où la franchise serait accordée aux blés tunisiens ; le ministre a montré par là que cette mesure était le corollaire obligé de la modification du régime douanier.

Ce serait porter un coup funeste aux industries si importantes et si prospères de la minoterie et de la semoulerie marseillaises. On leur enlèverait le meilleur des débouchés, la possession du marché tunisien, pour le transférer à l'industrie italienne, prête à profiter de ces erreurs économiques et qui guette le moment propice pour se lancer sur la proie que nous allons lui abandonner.

Ce serait aussi multiplier les points de contact, déjà trop nombreux à notre sens, entre la Régence et l'Italie.

Je ne fais qu'indiquer pour mémoire l'augmentation de dépenses qu'entraînerait cette mesure pour le corps d'occupation et qui serait de près de 80,000 francs par an.

IV. — Je ne signalerai également que pour mémoire la concurrence que les produits tunisiens viendraient faire à la production française sur les marchés de la métropole ou de la colonie.

Le marché métropolitain est assez large et la production tunisienne assez restreinte pour que son apparition n'ait pas d'influence sur les cours. Quant aux marchés de la colonie, ils sont déjà accessibles en franchise aux produits de la Régence.

V. — Les inconvénients et les dangers que nous venons de signaler sont sérieux ; mais il est une éventualité bien plus redoutable, c'est celle qui résulterait de manœuvres frauduleuses ayant pour effet de faire profiter des privilèges accordés aux produits tunisiens, les marchandises d'origine étrangère, italienne ou autre.

L'argument des certificats d'origine ne peut nous être ici opposé. Ces certificats, quelles que soient l'honnêteté et la vigilance du pouvoir, ne peuvent être autre chose qu'une pure formalité à l'accomplissement de laquelle la complaisance tiendra toujours la plus large part. Ils ne seraient sérieux qu'à la condition d'avoir l'exercice pour point de départ et ce mode de surveillance et de contrôle nécessiterait, pour être mis en pratique, le concours d'une nuée d'agents du fisc entraînant des dépenses incomparablement plus élevées que le bénéfice à retirer par la production tunisienne du régime douanier proposé.

Au lendemain des lois de protection frappant d'un droit de 5 fr. par 100 kilogs les blés étrangers, certains négociants de la place de Tunis ont importé des blés exotiques et les ont fait entrer en France par la voie de Ghardimaou-Bône comme blés d'origine tunisienne. Mais ils ont été obligés de renoncer à ces pratiques frauduleuses parce que les frais de transport de Tunis à Bône, le nolis de Bône à Marseille, les diverses manutentions et les déchets de route excédaient le bénéfice de 5 fr. par 100 kilos réalisé sur le droit.

Ce commerce illicite a été cependant pratiqué avec succès pendant l'année 1888 par suite du manque des récoltes en Algérie.

Notre colonie, frappée par de cruels fléaux, épizooties, sécheresses, sauterelles, avait vu alors ses récoltes détruites et au lieu d'exporter comme d'habitude, elle avait dû demander des blés à l'étranger pour la nourriture de ses habitants et pour les semailles. Ces blés, en débarquant dans les ports algériens, acquittaient le droit de cinq francs par 100 kilogrammes et du littoral allaient approvisionner l'intérieur. Mais quel ne fut pas l'étonnement du commerce de notre contrée, de voir la Tunisie, qui avait été encore plus éprouvée que nous et n'avait absolument rien produit en blés et orges, de la voir, dis-je, inonder de blés les marchés de la frontière algérienne et même ceux de Guelma, Bône et au-delà.

L'attention de la douane française fut enfin éveillée par ces passages journaliers à la frontière de convois entiers de blés expédiés directement de Tunis. Des instructions furent données au bureau de Ghardimaou ; le receveur de ce poste reconnut que les blés envoyés en Algérie étaient d'origine étrangère et leur entrée fût interdite.

Les fraudeurs ne se découragèrent pas. Ils avaient cyniquement, sans même essayer de masquer leurs pratiques, expédié les blés de Tunis, port de mer où le déchargement des grains exotiques avait eu lieu, alors que le pays de production est à 150 kilomètres au-delà, entre Béjà et Ghardimaou. Ils comprirent qu'ils avaient commis une lourde faute. Ils continuèrent à expédier des grains par la voie ferrée, mais, rompant charge à Béjà, ils firent de cette place leur centre d'opérations. Ils reprirent les expéditions de ce point, répandant le bruit, afin de donner le change au service de la douane, que le territoire de Béjà avait produit des récoltes exceptionnelles. La manœuvre donna d'assez beaux résultats et d'énormes quantités de blés étrangers passèrent encore la frontière.

L'administration tunisienne ne crut pas devoir appeler l'attention de l'autorité française sur des agissements dont bénéficiaient ses administrés ; quant à nous, nous fermâmes également les yeux, parce qu'en somme nos populations frontières qui avaient été si cruellement éprouvées profitaient, à la faveur de cette fraude, d'un écart de deux à trois francs et même davantage, suivant les points approvisionnés.

En effet, les blés exotiques, débarqués à Bône au premier

coût de 20 francs, revenaient avec le droit à 25 francs les 100 kilogrammes à quai et à 26 rendus à Souk-Ahras. Ces mêmes blés, débarqués à Tunis, au premier coût également de 20 francs à quai, payaient 3 francs de transport pour se rendre à Souk-Ahras, mais étant passés en fraude à Ghardimaou sans acquitter le droit de 5 francs, ne ressortaient qu'à 23 francs, d'où une différence de 3 francs au profit du commerce de Tunis qui a pu ainsi nous concurrencer et ravitailler nos populations à des prix plus avantageux que ceux que nous pouvions faire.

Les fraudeurs, stimulés par l'appât du gain, en arrivent à découvrir des expédients qni dépistent les meilleurs limiers de la douane.

Ainsi les importateurs de blés exotiques, dont je viens de révéler les manœuvres, n'avaient pas tardé à trouver parmi les innombrables qualités de blés étrangers celle qui se rapproche le plus du grain du pays, le *balchick*, qui ressemble en effet à s'y méprendre au blé dur d'Afrique et trompe l'œil le plus exercé.

C'est grâce à cette similitude presque absolue et à l'expédient de Béjà qu'ils ont pu tromper la douane à Ghardimaou.

Actuellement, les Italiens n'envoient pas de vins en France, via Tunis - Ghardimaou - Bône, parce que les frais de transport par cette voie sont énormes et qu'ils ne trouveraient pas leur compte à en user.

Mais le jour où il leur suffira de toucher barre à Tunis et d'y remplir la formalité illusoire du certificat d'origine pour réexpédier par mer sur Marseille à raison de dix francs le tonneau et sans aucun droit à payer, nous verrons les vins italiens rentrer en France par cette porte de la Tunisie sous l'étiquette de produits du pays.

Pour le coup, monsieur le sénateur et messieurs les

députés, vous pourrez perdre le souci de vos électeurs : ils seront, ou morts de misère, ou partis sous d'autres climats à la recherche de législateurs plus prévoyants.

Que l'on ne vienne pas nous dire que l'on reconnaîtra toujours l'origine des vins même mélangés. Je mets au défi le dégustateur comme le chimiste le plus habile, de reconnaître à des caractères irrécusables la provenance d'un vin que le premier caviste venu aura manipulé et préparé pour la réexportation.

L'expéditeur de vins fera comme le négociant en blés avec le balchick, il recherchera les provenances italiennes qui présentent le plus d'analogie avec les crus du pays, fera des coupages et finalement déroutera les experts les plus expérimentés.

C'est aujourd'hui l'A B C du métier que de produire un vin nature, de belle couleur, franc de goût, absolument neutre, surtout avec le vinage à 12° 9, l'alcool faisant disparaître l'individualité des vins. Notez bien qu'il s'agit d'un pays, la Tunisie, où le vin, une fois entré, circule en toute liberté, est coupé, transformé, dénaturé, sans qu'il puisse être suivi dans ses modifications et pérégrinations.

Ce ne sont pas seulement les vins italiens qui entreront, mais encore, par le vinage, les alcools allemands et américains dont la Tunisie est empoisonnée. Il en sera de même pour les huiles et, d'une façon générale, pour tous les produits.

N'oubliez pas que la Tunisie est un pays neuf, que si de bons et vaillants colons français s'y sont fixés, si de vieilles maisons de toutes nationalités y sont l'honneur du commerce, on ne peut nier qu'elle est aussi le rendez-vous des aventuriers tous les pays, gens peu scrupuleux que le besoin pousse et qui ne reculeraient devant aucun moyen pour vivre et s'enrichir.

La mise en vigueur de la réforme douanière projetée ferait donc certainement de la Régence un vaste atelier de contrebande ouvert à tous les fraudeurs.

Par sa situation géographique, à deux pas de l'Italie qu'elle touche presque par la Sicile, à quelques heures de Malte, ce vaste entrepôt des marchandises du monde entier, la Tunisie est un champ merveilleusement préparé pour la contrebande. Il ne lui manque que les moyens. Le projet proposé les lui fournira.

VI. — Je viens d'indiquer rapidement les dangers que présentent pour la métropole, pour la colonie et plus particulièrement pour la région est de l'Algérie, les propositions de M. le ministre résident.

Il serait naturel de penser que la France ne s'expose à de pareils dangers sans des motifs de la plus haute gravité, que la mesure proposée est l'accomplissement de quelques-unes de ces obligations que l'honneur national ne laisse jamais protester ou que cette mesure doit tout au moins entraîner pour les populations que la France couvre de sa protection, des bienfaits en rapport avec les sacrifices qu'elle nous impose à nous autres, Français.

Mais, et c'est là ce qui rend cette affaire tout au moins singulière, il n'en est rien : la Tunisie n'a à retirer des mesures projetées que des avantages insignifiants et notre nationalité ne peut que s'engager là dans une voie pleine de périls.

Je dis que les populations tunisiennes n'ont qu'un intérêt insignifiant à l'entrée en franchise des produits visés par le projet en question. Cela résulte de ce que j'ai rappelé plus haut, c'est-à-dire, de ce fait, qu'avec le régime actuel, les produits du nord et du nord-ouest de la Régence entrent en franchise en Algérie et, de là, à Marseille.

Ce n'est donc que la ville de Tunis et la région du sud-est de la Régence qui pourraient bénéficier d'une modification du régime douanier actuel. Or, les seules productions de cette région, qui aient quelque importance, ce sont les vins et principalement les huiles.

Le vin n'y a été récolté jusqu'ici qu'en quantité bien minime, insuffisante pour les besoins de la consommation locale ; il en sera de même encore pendant nombre d'années : il n'y a donc pas d'utilité appréciable à en favoriser l'exportation. Si, par les années de récolte exceptionnelle, il y a un excédent pour les céréales, il est insignifiant.

Consultez les statistiques de l'exportation de la Tunisie avant l'établissement des droits et vous verrez que, sauf les huiles, le sud de la Régence n'a presque rien expédié en France. C'est donc pour un léger excédent, absolument éventuel, et pour un seul article, les huiles, que l'on irait jeter la perturbation sur le marché francais, porter un coup fatal à l'Algérie.

Et cela, au moment où la viticulture française tente un suprême effort et consacre toutes ses ressources à l'œuvre de la reconstitution de son vignoble ; au moment où l'Algérie lutte, avec une admirable énergie, contre l'avilissement du prix des vins qui menace de changer en un véritable désastre la prospérité qu'elle entrevoyait enfin ! La Tunisie ferait là payer bien chèrement à la France un bénéfice aussi minime que problématique.

VII. — Mais ce n'est pas seulement sous le rapport des intérêts purement commerciaux que la mesure proposée est inacceptable ; il est facile de prévoir qu'elle aurait des conséquences bien plus graves encore au point de vue de notre situation politique.

La France doit respecter les traités de commerce qu'elle a passés avec les autres puissances européennes et qui reconnaissent à ces puissances le traitement de la nation la plus favorisée au point de vue des conventions douanières. Dès lors, il est certain que le lendemain de l'approbation du projet de M. Massicault, ces puissances demanderaient l'application, en leur faveur, des franchises accordées par la France aux produits tunisiens.

Et nous verrions réclamer la libre entrée par l'Espagne pour les huiles, par l'Allemagne pour le bétail et pour les marchandises italiennes qu'elle ferait transiter sur son territoire ! Ces prétentions à la libre entrée seraient mêmes formulées pour une quantité innombrable de marchandises, car le projet ne vise pas seulement les vins, les grains et les huiles, mais encore sous une formule très vague, *tous les produits de la Tunisie semblables à ceux que la France importe elle-même dans la Régence.*

N'est-il pas, dès lors, évident que la seule adoption de ce projet serait l'anéantissement de tout notre régime douanier actuel et que les ennemis de notre pays y trouveraient, à leur grande satisfaction, non plus des prétextes, mais des raisons vraiment sérieuses à des complications qui marqueraient peut-être la fin de la paix européenne.

Si les puissances de l'Europe reculaient elles-mêmes devant cette terrible solution n'est-il pas encore évident qu'elles prendraient l'attitude que dans ces derniers temps, nous avons vu prendre à l'Italie, et qui a si justement froissé notre orgueil national ?

Quand nous nous rappelons les agissements de cette puissance lors de l'affaire des postes tunisiennes et de celles des écoles, nous ne pouvons douter qu'elle trouverait dans la convention projetée l'occasion et le motif de nouveaux conflits ; les solutions intervenues dans les différends antérieurs nous imposent d'éviter le retour de semblables aventures.

Le seul remède aux imperfections de la situation actuelle

est dans l'assimilation douanière de la Tunisie à la France avec quelques tempéraments, comme cela a été fait pour l'Algérie. Tout autre moyen constituerait un système de transaction bâtard, louche, dangereux pour la production nationale et les intérêts du Trésor français, dangereux au point de vue des conséquences politiques extérieures qui peuvent en découler.

Tels sont, monsieur le sénateur et messieurs les députés, brièvement énumérées, les raisons que nous avons de repousser le projet de M. Massicault, soit comme Français, soit comme colons Algériens. Nous sommes persuadés que l'honorable ministre-résident, peu au courant de la pratique des affaires commerciales, ému par des souffrances réelles, mais qui ne sont pas le partage exclusif de la Tunisie, ne s'est pas bien rendu compte de la portée de ses propositions. La droiture de son caractère ne lui a pas permis de soupçonner le véritable but des sollicitations intéressées dont il aura été entouré et qu'on lui aura précentées assez habilement pour leur donner une apparence d'intérêt général.

Quoi qu'il en soit, ses propositions sont aujourd'hui formulées et leur adoption serait tellement désastreuse pour le pays ou pour la colonie, qu'il est indispensable de les combattre par tous les moyens en notre pouvoir.

Nous n'en connaissons pas de plus naturel et en même temps de plus puissant, monsieur le sénateur et messieurs les députés, que votre intervention : toujours acquise jusqu'ici à nos légitimes revendications, nous sommes certains qu'elle ne nous manquera pas dans le péril actuel.

Veuillez agréer, monsieur le sénateur et messieurs les députés, l'expression de ma très haute considération.

Le Maire de la ville de Bône.

Président du Conseil général du département de Constantine, Vice-Président du Conseil Supérieur,

J. BERTAGNA.

BÔNE. — IMPRIMERIE CENTRALE, RUE CARAMAN, Nᵒˢ 2 ET 4.